DER RICHTIGE SITZ

Tips für mehr Balance beim Reiten

von

Joni Bentley

Illustrationen von
Carole Vincer

CADMOS

Titel der Originalausgabe:
Joni Bentley, Improving the rider's position
Threshold Picture Guide Nr. 32

Aus dem Englischen übertragen von
Christiane Schreiter

Cadmos Verlag GmbH
Für die deutschsprachige Ausgabe

Umschlagentwurf: Ravenstein Brain Pool

Druck und Bindung: Westermann Druck Zwickau GmbH
Printed in Germany
ISBN 3-86127-208-3

INHALT

Der richtige Sitz

Tips für mehr Balance beim Reiten

Einführung

Eine der schwierigsten Aufgaben beim Reiten ist das Erreichen eines guten, ausbalancierten Sitzes auf dem sich vorwärtsbewegenden Pferd.

Ein guter Sitz ermöglicht einem, das Pferd zu lenken, ohne daß es seine natürliche Schönheit und Eleganz verliert. Jegliches Sich-Hängenlassen, Verkrampfen, Anstrengen, Etwas Erzwingen-wollen, verhindert die natürliche Bewegung des Pferdes.

Pferde sind außerordentlich sensible Geschöpfe. Die Signale, die ihnen der Reiter durch seinen Körper vermittelt, sind für sie eine Richtlinie, auf die sie sich völlig verlassen. Das aber kann auch zu Mißverständnissen führen, wenn nämlich der Reiter nur begrenzt seinen Körper beherrscht. Setzt der Reiter aber Geist und Körper bewußt ein, wird er offen genug sein, sich „einzufühlen". Seine Befehle sind sicher, die Kommunikation (Hilfen) zwischen Reiter und Pferd funktioniert: Jetzt ist alles möglich.

Als Reiter konzentrieren wir uns auf die Bewegungen unseres Pferdes – aber was ist mit unseren eigenen Bewegungen? Wir erwarten von unseren Pferden, daß sie ruhig, geradegerichtet und vorwärts gehen und zwar immer. Aber diese Qualitäten kann man genauso gut auf den Reiter anwenden!

√ **Ruhig**: Körper und konzentrierter Geist arbeiten harmonisch im entscheidenden Moment zusammen.
√ **Geradegerichtet**: Damit ist in der Senkrechten das Aufrichten in der Bewegung gemeint, in der Waagerechten die gleichmäßige Gewichtsverteilung auf dem Pferderücken. Gleichmäßige Spannung auf beiden Zügeln.
√ **Vorwärts**: Der Kopf führt die Bewegung des Reiters an, wobei Genick und Wirbelsäule unverkrampft, aber angespannt bleiben und so ihre optimale Länge und Kraft dazu benutzt werden, das Gewicht abzufedern und das Pferd zu dirigieren.

Mit diesem Buch soll gezeigt werden, daß der richtige Sitz nicht nur die eigene Leistung im Sattel verbessert, sondern auch diejenige des Pferdes. Darüber hinaus hat der richtige Sitz auch einen heilsamen Effekt auf die Gesundheit im täglichen Leben.

Was ist ein guter Sitz?

Hier zunächst die wichtigsten Elemente, die einen guten Sitz ausmachen:

√ Ohr, Schulter, Hüfte und Ferse bilden eine senkrechte Linie.
√ Der Kopf sitzt locker auf dem höchsten Punkt der Wirbelsäule.
√ Die Schultern sind entspannt.
√ Die Schulterblätter liegen flach an.
√ Der Brustkorb ist rund aber unverkrampft.
√ Die Oberarme hängen senkrecht herab.
√ Der Ellenbogen ist deutlich angewinkelt.
√ Die Handgelenke sind gerade.
√ Eine gerade Linie verläuft durch Ellenbogen und Handgelenke zum Pferdemaul.
√ Das Gewicht ist gleichmäßig auf den Sitzknochen verteilt.
√ Die Beine hängen im natürlichen Winkel herab.
√ Die Knie sind entspannt.
√ Die Unterschenkel ruhen an den Seiten des Pferdes.
√ Die Fußgelenke sind entspannt.
√ Die Füße befinden sich unterhalb des Reitergesäßes.
√ Der Fußballen ruht auf dem Steigbügeltritt.
√ Die Fersen sind tiefer als die Zehen.

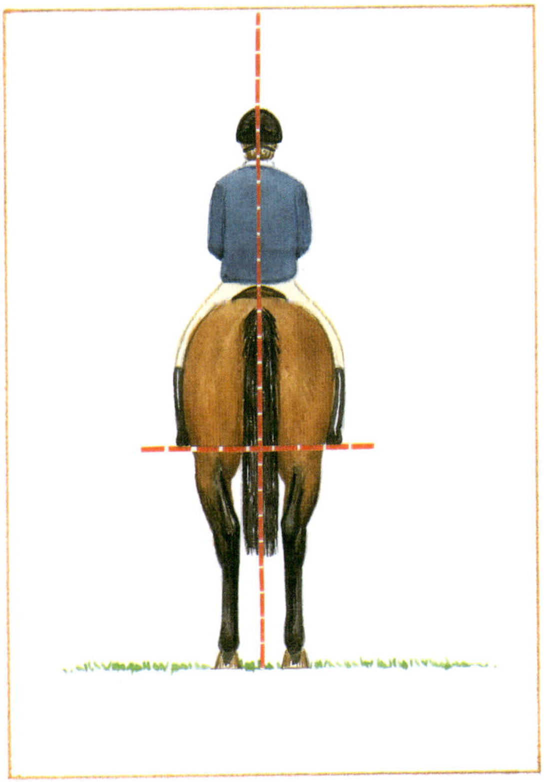

Der aufgerichtete Sitz

Wenn unsere Haltung schlecht ist, kann der Körper nicht wirkungsvoll arbeiten. In den gegenüberliegenden Abbildungen sehen wir, daß die Figur links eine gute Haltung einnimmt (oder reiterlich ausgedrückt: in guter Aufrichtung, „am Zügel"), während die rechte Figur zusammengesunken ist (in schlechter Manier, „auf der Vorhand"). Diese Haltung wird schließlich zu Verkrampfungen und Rückenproblemen führen und verhindert die Einwirkungen des Reiters.

Damit sich Oberkörper, Kopf, Hals und Rücken in korrekter, gerader Linie befinden, muß man auf dem untersten, zentralen Punkt des Sitzbeins sitzen. Es ist eine gute Eselsbrücke, sich die Sitzbeine als kleine Füße (Sitzfüße) vorzustellen, die das Gewicht des Oberkörpers tragen. Die Sitzbeine sind wie kleine Kufen geformt, mit einem vorderen, mittleren und hinteren Teil. Um den zentralen tiefsten Punkt herauszufinden, kann man sich auf die Hände setzen, Handflächen nach oben. Die Sitzbeine könnten sich nämlich weiter vorne

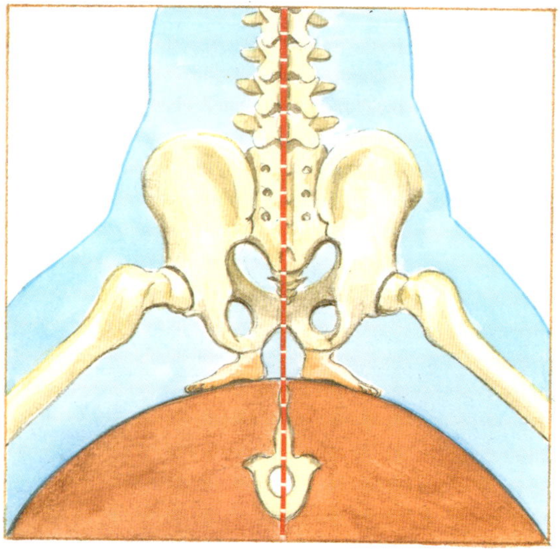

Die Vorstellung von den Sitzbeinen als „Sitzfüße" verleiht dem Oberkörper mehr Stabilität. Es ist wichtigt gleichmäßig auf beiden Seiten der Wirbelsäule des Pferdes zu sitzen.

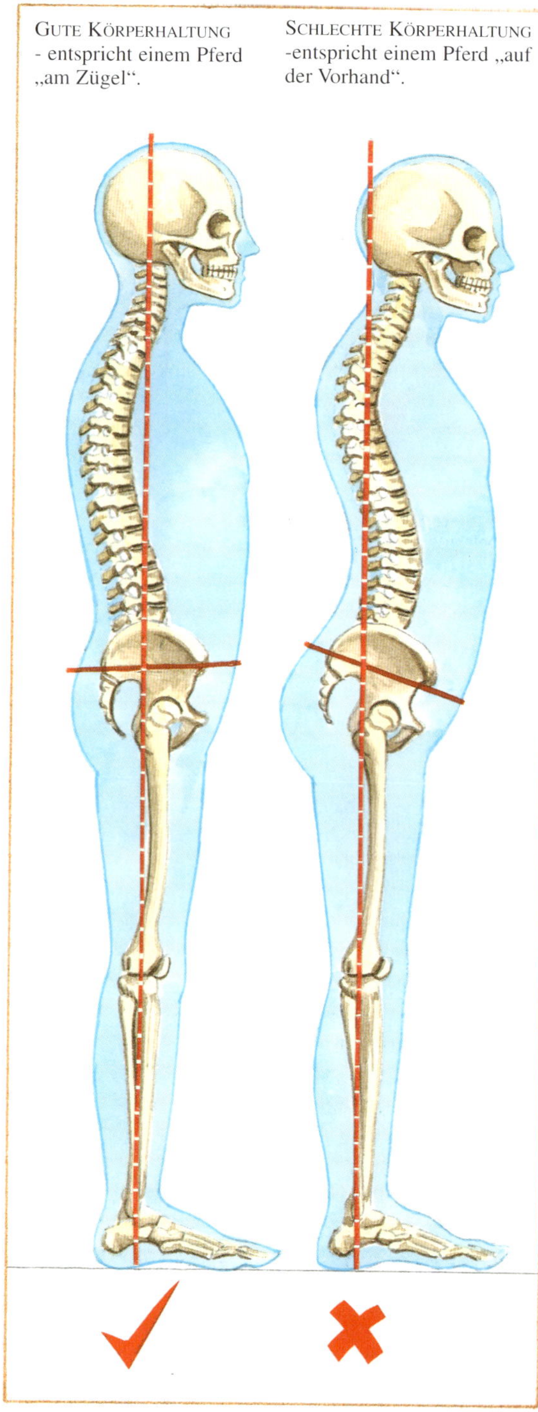

Sitz auf dem hinteren Teil der Sitzbeine

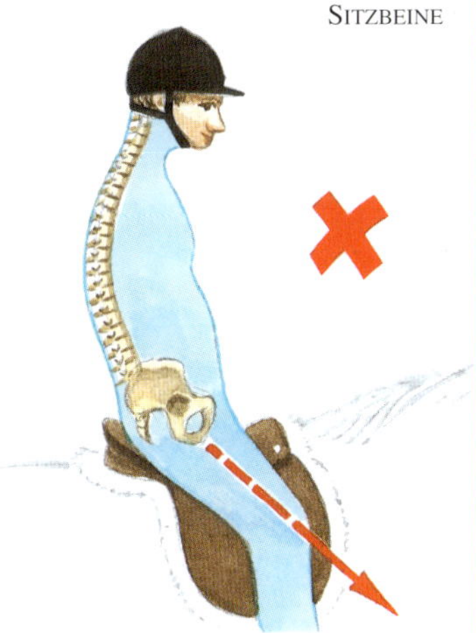

Damit wird Druck auf die ganze Wirbelsäule ausgeübt, und man gerät hinter die Bewegung. Es ist fast unmöglich, das Bein unter den Oberkörper zu bringen und sich in der Senkrechten zu halten.

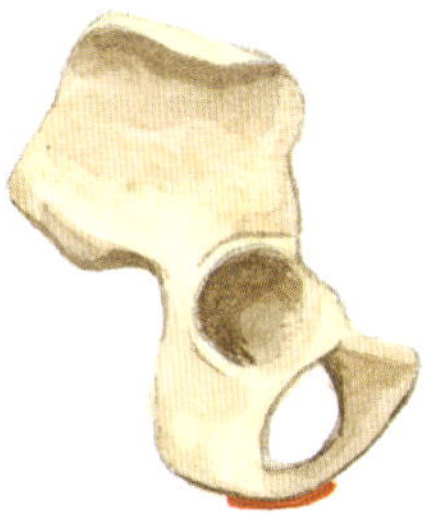

Nach hinten abgekipptes Becken

Sitz auf dem vorderen Teil der Sitzbeine

Damit wird der untere Teil des Rückens durchgebogen (Hohlkreuz) und verkrampft; Der Reiter ist „über dem Gebiß“ und vor der Bewegung.

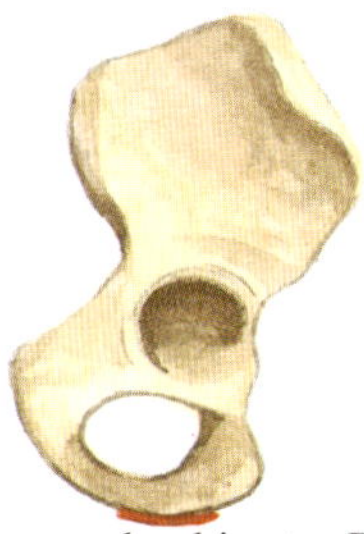

Nach vorn abgekipptes Becken

Gute vertikale Aufrichtung

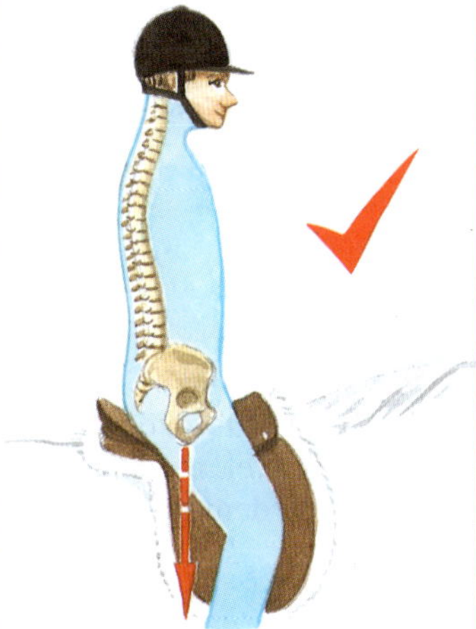

Wenn man auf dem tiefsten zentralen Punkt der Sitzbeine sitzt, ist die senkrechte Aufrichtung leicht. Druck und Anstrengung sind verschwunden.

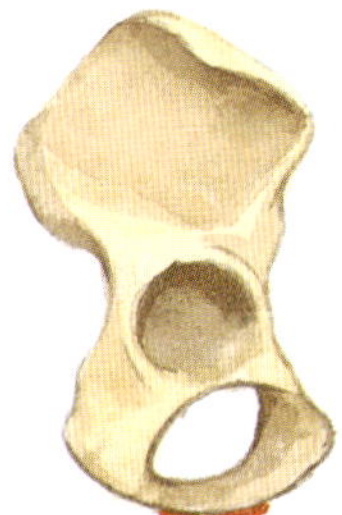

Ausbalanciertes Becken

befinden als vermutet. Wir finden sie am besten, indem wir von einem zum anderen schaukeln. Nun muß man den tiefsten zentralen Punkt des Bogens suchen und darauf balancieren.

Das Gewicht muß gleichmäßig auf beide Sitzbeine verteilt werden. Das ist die Basis des aufgerichteten Sitzes. Nun bewegt man sich sehr langsam auf dem Bogen der Sitzbeine zurück, bis man den hinteren Rand gefunden hat. Man sitzt jetzt mit nach hinten abgekipptem Becken. Kann man so noch den von unten herauf wirkenden Halt des Sattels unter sich spüren, oder wird zu stark abwärts gepreßt, um noch etwas zu fühlen?

Nun muß man wieder in die Senkrechte gehen und darauf achten, welche Veränderungen in der oberen Körperhälfte stattfinden. Wir spüren, wie das Gewicht nach unten geht, aber dabei vom Halt des Sattels und vom Pferd ausbalanciert wird. Jetzt erforschen wir die vordere Kante der Sitzbeinkufen: Bewegen wir uns nach vorn, können wir feststellen, wie sich der untere Teil des Rückens durchbiegt, während sich gleichzeitig der Brustkorb hebt. Wenn man mehrmals zwischen senkrechter und nach vorn abgekippter Position vor- und zurückschaukelt, spüren wir, wie wir von den Sitzbeinen wegkippen und sie wieder erreichen.

Gleichmässige Gewichtsverteilung

Es ist sehr wichtig, das Gewicht des Reiters gleichmäßig auf dem Pferderücken auszubalancieren. Wenn der Reiter schief sitzt, lernt das Pferd schnell, das ungleichmäßige Gewicht zu kompensieren - mit dem Ergebnis: Es geht „schief".

Bei einem Rechtshänder z.B. ist die rechte Körperhälfte wahrscheinlich kräftiger, aber auch kürzer als die linke, wodurch die linke Hälfte seitwärts verschoben wird. Der Reiter, der in der Hüfte nach innen einknickt, neigt dazu, die äußere Hüfte nach außen wegzudrücken, wodurch meist der ganze Körper verdreht ist. Um diese Ungleichmäßigkeit zu korrigieren, streckt man die Hände hoch in die Luft, die Fingerspitzen zum Himmel, die Handflächen nach innen gedreht. Man läßt das ganze Gewicht von Kopf, Hals, Schultern, Armen und Oberkörper direkt nach unten durch den Torso passieren, weiter bis zum tiefsten zentralen Punkt der Sitzbeine, bis das Gleichgewicht hergestellt ist, und zwar sowohl in der Längs- wie auch in der Querachse. Achten Sie darauf, ob Sie dazu neigen, den Brustkorb anzuheben (wie ein strammstehender Soldat). In dem Fall muß man ihn entspannen und senken, und man wird feststellen, daß die Spannung im unteren Rückenbereich ebenfalls nachläßt.

Wir sollten einen Freund um Korrektur bitten: Der neue, richtige Sitz wird sich eine Weile ungewohnt anfühlen. Wir können auch einmal probieren, den Kopf in verschiedene Richtungen zu drehen; dabei achten wir darauf, wie die Wirkung auf die „Sitzfüße" ist.

Nun streckt man die Fingerspitzen zum Himmel und dehnt vorsichtig abwechselnd beide Hälften des Körpers, die auf diese Weise verlängert werden. Fühlen Sie, wie sich Ihr Gewicht verändert, während es sich hinunter auf die Sitzbeine verlagert? Die Balance muß auf dem tiefsten zentralen Punkt gehalten werden. Je mehr man sich nach oben streckt und den Rippen Platz schafft, damit sie sich dehnen können, desto mehr können sich die untere Körperhälfte und die „Sitzfüße" nach unten entspannen und den Aufwärtsschwung des Pferdes aufnehmen.

Wer sich krumm hält, läuft auch krumm. Wie man zu Fuß geht, so bewegt man sich auch auf dem Pferd. Ist man sich der Schiefhaltung erst einmal bewußt, bedeutet das den Beginn der Aufrichtung.

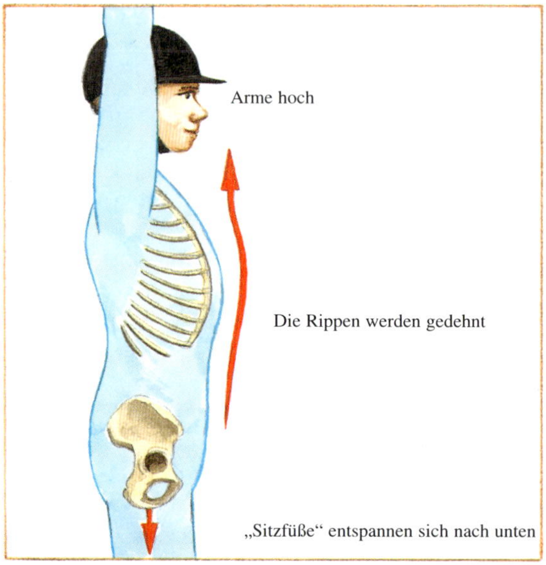

Übung für eine gleichmäßige Zügelanlehnung. Diese gegenläufige Dehnungsübung - Hand hoch, „Sitzfuß" runter - dient dazu, den Brustkorb zu befreien und elastischer zu machen.

Kopf und Hals

Die Art, wie der Kopf des Reiters auf dem höchsten Punkt der Wirbelsäule ausbalanciert wird, entscheidet darüber, wie gut der Körper imstande sein wird, einen guten Sitz einzunehmen. Wenn die Kopfhaltung nicht korrekt ist, ist der Rücken nicht in der Lage, die Bewegungen des Pferdes abzufedern.

Wenn man das Kinn zum Nacken hin anzieht, spürt man, wie das die Bewegungsfreiheit von Kopf, Hals und Rücken beeinträchtigt (genauso wie ein Pferd „hinter dem Gebiß"). Viele Reiter denken, daß das Heranziehen des Pferdekopfes dazu diene, das Pferd ans Gebiß zu stellen. Das ist falsch und beeinträchtigt (wie man an sich selber spüren kann) die Elastizität und Spannung von Kopf, Hals und Rücken des Pferdes. Biegen wir den Kopf zurück und abwärts, spüren wir die Anstrengung und den abwärtswirkenden Druck auf den Rücken - sehr unbequem, genauso wie beim Pferd, wenn es über dem Gebiß geht. Um als Reiter „am Zügel" zu sein, muß man den Kopf ganz leicht von einem gedachten Punkt zwischen den Ohren und hinter der Nase nach vorn beugen.

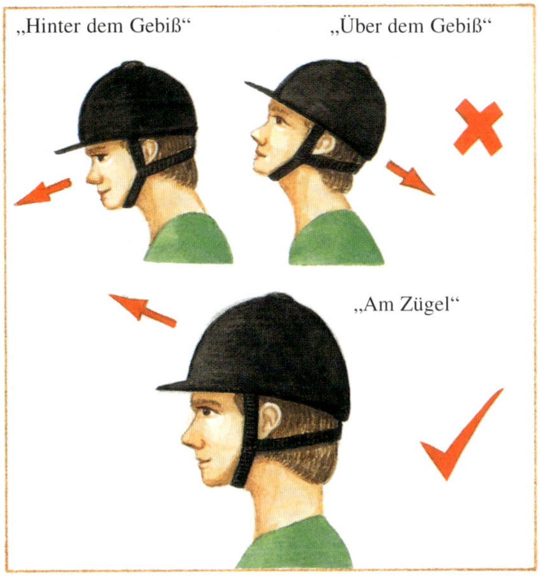

Der Kopf wird mit einer leichten Vorwärtsbewegung vom Mittelpunkt zwischen den Ohren und der Nase nach vorn und aufwärts bewegt, ohne daß dabei der Nacken verspannt wird.

Beine und Füsse

Die Aktion von Beinen und Füßen ist sehr wichtig und wird im Training sträflich vernachlässigt, besonders vom Knie an abwärts. Damit Fußgelenke und Knie als Federn und Stoßdämpfer arbeiten können, müssen wir lernen, sie zu lockern. Zunächst wird die Vorderseite des Fußgelenks entspannt, dann weiter hoch bis zur Kniescheibe. Dann lockert man die Kniekehle, den Unterschenkelmuskel bis zur Rückseite des Fußgelenks und weiter durch die Ferse bis zum Boden. Damit kann sich die Ferse senken - wichtiger Bestandteil eines guten, stabilen Sitzes, der außerdem dem Reiten einen gehörigen Nachdruck verleiht.

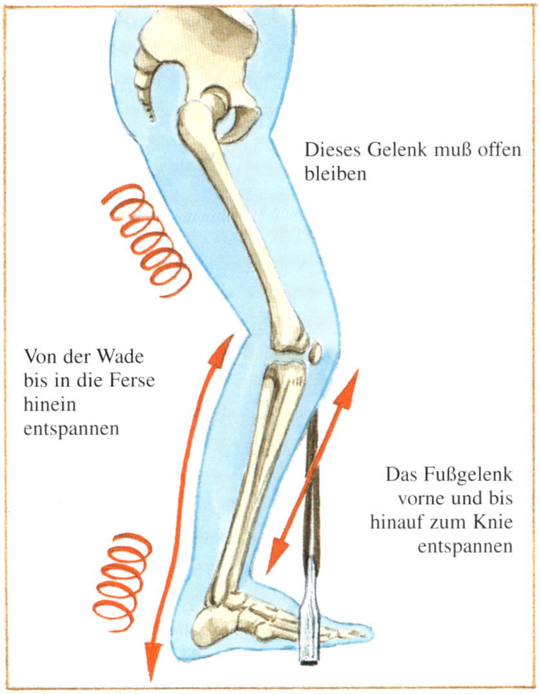

Die Aufmerksamkeit des Reiters

Das mindeste, was wir unserem Pferd während der Arbeit schulden, ist eine ungeteilte Aufmerksamkeit. Damit der Reiter dazu in der Lage ist, muß er wissen, wie sein Verstand arbeitet. Der hat nämlich die Eigenschaft, ständig zwischen der Vergangenheit, der Gegenwart und der Zukunft hin und her zu wandern. Wenn der Kopf voll von negativen Erfahrungen aus der Vergangenheit ist oder Furcht vor dem, was zukünftig passieren könnte, lebt man in einem permanenten Spannungszustand und verliert den Blick für das, was gerade in diesem Moment geschieht! Da die Vergangenheit aber vorüber ist und man die Zukunft nicht kontrollieren kann, ist das eine Verschwendung von Energie und wertvoller Lernzeit. Ist der Reiter verspannt, vermittelt sich das dem Pferd durch kleinste physiologische Signale. Manchmal reagiert das Pferd dann auch mit Angst (zum Beispiel durch Scheuen), woraufhin der Reiter sich noch mehr verkrampft.

Achten Sie ganz auf Ihren Körper, besonders auf den Atem. Beachten Sie, wie das den Geist beruhigt. Es verlangsamt den Nachschub von Streßhormonen an den Körper, angesammelte Spannung wird aufgelöst, und man beruhigt sich.

„Tagträumen" bewirkt, daß der Verstand versinkt und sich verschließt, etwa wie beim „Tunnelblick". Wenn man merkt, daß das geschieht, kann man sich in der Umgebung umschauen, damit sich der Verstand wieder öffnen kann. Man kann auch auf die Geräusche um sich herum achten oder mit den Fingern schnippen, all das hilft einem dabei, wieder zur Gegenwart zurückzufinden.

Oft veranlaßt Angst den Verstand, uns einen Streich zu spielen. Man bemerkt das häufig bei Leuten, die Angst vor dem Springen haben. Der Verstand verliert seinen Sinn für die Realität und projiziert blind in die Zukunft hinein, wobei er Probleme sieht, bevor sie auftauchen, was den Reiter unsicher macht.

Oft genug geschieht dann genau das, wovor er sich fürchtete. Wenn man merkt, daß einem das passiert, muß man sich auf das Atmen konzentrieren. Man kann auch jenseits über den Sprung schauen und sich die ganze Umgebung bewußt machen. Der Sprung sieht dann gleich kleiner und weniger furchteinflößend aus.

Die Reiterin denkt an ihren Urlaub und konzentriert sich deshalb nicht darauf, ihr Pferd zu lenken. Bei Stangenarbeit und Springen kann das zu Verletzungen führen.

Diese Reiterin nähert sich dem Sprung voller Angst vor dem, was geschehen könnte. Diese Panik kann tatsächlich einen Sturz verursachen.

Zügelführung

Die richtige Zügelführung zu finden, scheint für die meisten Reiter ein vertracktes Problem zu sein. Hier ein paar Tips, die zu einer guten „Konversation" mit dem Pferdemaul verhelfen sollen.

Lassen Sie das Pferd Ihre Hände mit Hilfe der Zügel bewegen und stellen Sie sich vor, daß Ihre Hände „vorwärtsdenken" - hin zum Pferdemaul, nicht zurück zu Ihren Hüften. Dieses Vorwärtsdenken ermutigt das Pferd, kontinuierlich seinen Rücken zu dehnen und das Gebiß anzunehmen. Je gelöster es in Kopf, Hals und Rücken ist, desto effizienter wird seine Atmung und um so müheloser kann es die Lektionen ausführen, die von ihm verlangt werden.

Lassen Sie die Hände dem Vor und Zurück der Kopfbewegungen des Pferdes folgen, so daß sein Hals eher lang und locker wird als eng und verhalten. Wenn man es nicht bedrängt, wird das Pferd nach kurzer Zeit an das Gebiß herantreten beginnen - und damit weg vom Reiter. Das ist der erste Schritt in der Arbeit mit dem Gebiß und Voraussetzung für die Aufrichtung.

Um ein feines Gefühl in den Händen zu entwickeln, stellen Sie sich vor, Sie hielten zwei kleine Vögel in den Händen (wie in der Abbildung). Sie wollen sie sanft aber sicher festhalten, und natürlich wollen Sie sie nicht totquetschen.

Der Sitz sollte des öfteren überprüft werden, wobei man darauf achten muß, daß der Hals unverkrampft ist, die Schultern gelöst sind und daß die Ellenbogen locker herabhängen. Die Ellenbogen muß man etwas vom Brustkorb entfernt halten, ohne sie zu verspannen.

Stellen Sie sich vor, zwischen Ihren Handgelenken seien Lichtstrahlen, die aufeinander gerichtet sind. Das hilft Ihnen, die Hände in der richtigen Stellung zu halten: die Handflächen entspannt, die Fingerkuppen auf der Innenseite der Handflächen liegend.

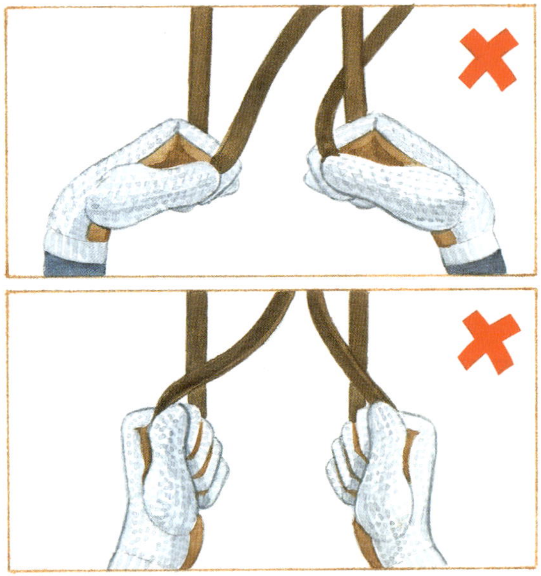

Verkrampfte Hände blockieren die Arme. Das Pferd macht daraufhin möglicherweise seinen Kiefer fest, um dem Unbehagen zu entgehen.

Stellen Sie sich vor, Sie hielten zwei kleine Vögel - zerdrücken Sie sie nicht, aber lassen Sie sie auch nicht entwischen. Stellen Sie sich außerdem einen Lichtstrahl zwischen den Handgelenken vor.

ERSTER ZÜGELKONTAKT

1. Man beginnt zunächst im Schritt am hingegebenen Zügel und achtet darauf, wo das Pferd seinen Kopf hinbewegt. Beachten Sie, wie der Kopf sich frei vor und zurück bewegt!

2. Nun beugt der Reiter sich vor und klopft leicht beide Seiten des Halses. Dann klopft er die rechte Seite, während er den linken Zügel aufnimmt. Wenn das Pferd nicht vorwärts ins Gebiß stößt, wird es seinen Hals verkürzen.

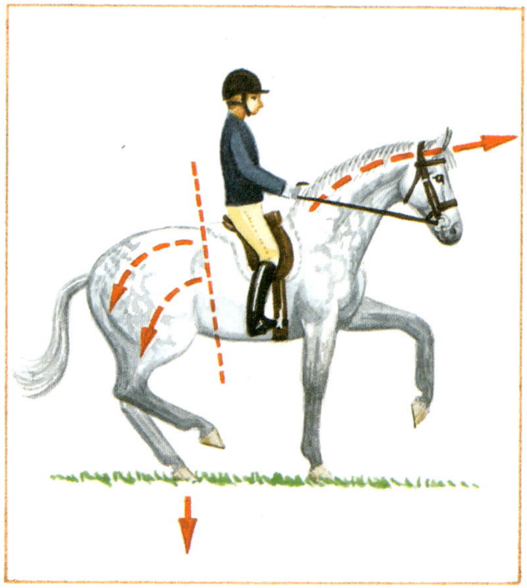

Keine Sorge, wenn das Pferd die Unterseite des Halses lang macht, während es sich mehr in die Reiterhand dehnt (links). Um schließlich zur Versammlung zu kommen (rechts), muß das Pferd die ganze Wirbelsäule dehnen können. Je mehr es sich dehnt, desto mehr stärkt es den gesamten Rahmen, was für die fortgeschrittene Arbeit notwendig ist.

3. Jetzt wird der rechte Zügel aufgenommen, während man die linke Halsseite klopft. Das Pferd soll weiterhin vorwärts ins Gebiß stoßen.

4. Nachdem der Reiter die Zügel aufgenommen hat, läßt er das Pferd seinen Kopf so halten, wie es will. Wenn die Hände jetzt feinfühlig der Bewegung des Kopfes folgen, wird das Pferd anfangen, ans Gebiß heranzutreten.

PRÜFEN SIE STÄNDIG IHREN SITZ

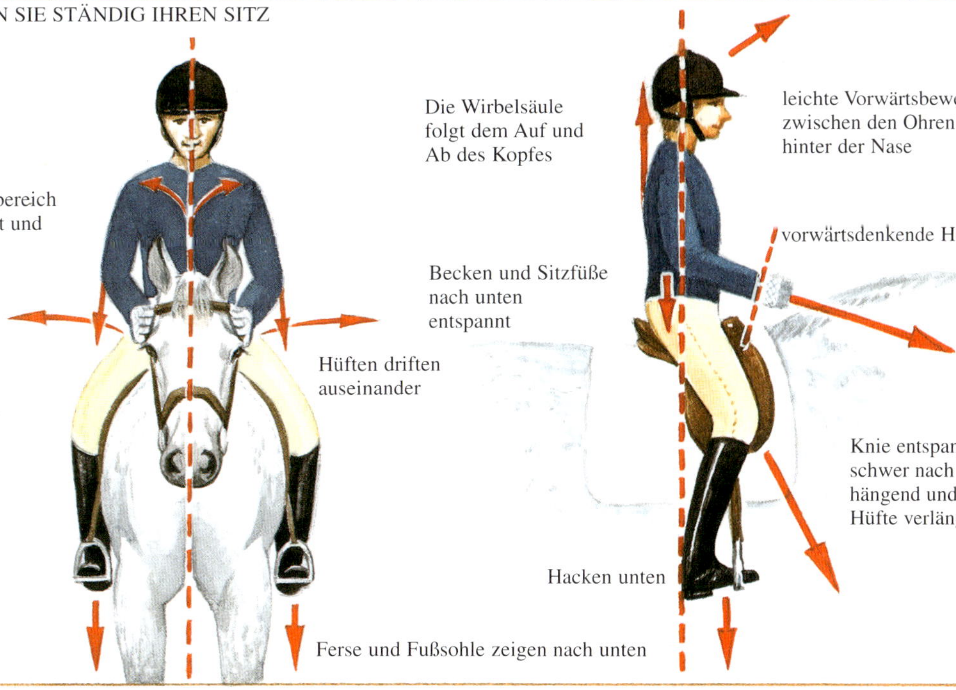

Reiten ohne Sattel

Das Reiten ohne Sattel schafft eine feinfühlige Beziehung zwischen Reiter und Pferd, und es hilft, besser zu verstehen, wie der Körper des Pferdes arbeitet. Bevor wir allerdings mit dieser Arbeit beginnen, sollten wir sicher sein, daß das Pferd geeignet (ruhig!) ist und einen Helfer bitten, uns auf einen sicheren Platz zu führen.

Anatomisch gesehen, ist der Mensch von seiner Skelettstruktur her für das Reiten bestens geeignet: Die Unterteilung des Körpers in der Taille trennt den Brustkorb vom Becken, was ihm die Elastizität verleiht, die Bewegungen des Pferdes zu absorbieren. Der Oberkörper trägt sich selbst, während der Unterkörper dem Pferd überlassen werden kann.

Zunächst muß der Reiter darauf achten, daß er weder mit zuviel Anspannung auf dem Pferd sitzt, wodurch er sich selbst vom Pferderücken hebt, noch mit zuwenig, wodurch zuviel Druck auf den Rücken ausgeübt wird. Das Gewicht von Kopf, Hals und Rücken soll entspannt auf die Sitzbeine sinken.

Nun sollte sich der Reiter von einem Helfer führen lassen. Es wird Schritt am langen Zügel geritten. Er muß fühlen, wie die Wirbelsäule des Pferdes sich unter den „Sitzfüßen" bewegt und darauf achten, daß sie das Gewicht gleichmäßig verteilt tragen. Weil man so an seine eigene Schiefheit gewöhnt ist, fühlt sich die Bewegung in der geraden Aufrichtung zunächst oft falsch an. Mit diesem Wissen im Hinterkopf sollen ein paar Experimente ausgeführt werden, wobei es gut wäre, wenn ein Freund dazu einen Kommentar abgibt.

Der Reiter hebt die Arme in die Luft. Er streckt sich durch die Fingerspitzen in den Himmel, Handflächen zueinander und läßt die kleinen Finger leicht nach innen rotieren. Der ganze Körper (außer dem Kopf) soll nun von den Fingerspitzen herabhängen. Die „Sitzfüße" rechts und links vom Rückgrat des Pferdes können jetzt noch weiter losgelassen werden, hinein in den aufwärts wirkenden Impuls des Pferderückens. Der Reiter fühlt die Bewegungen des Pferdes unter sich. Nun werden die Arme gesenkt, ohne daß dabei der Brustkorb zusammensinkt.

Von oben kann man die Wirkung eines ungleichmäßigen Sitzes auf den Pferderücken sehen.

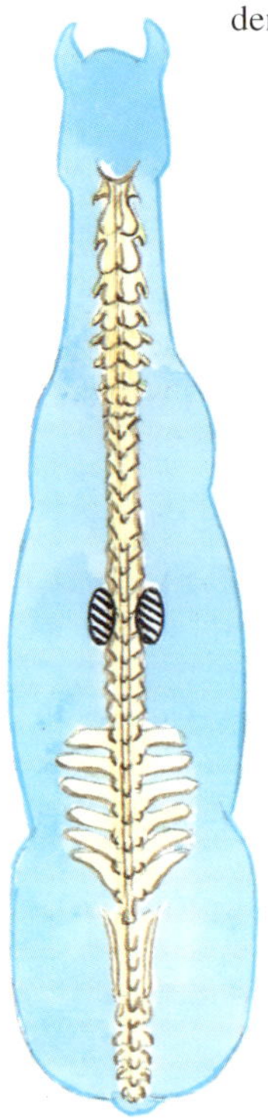

Gleichmässiger Druck auf den Sitzbeinen

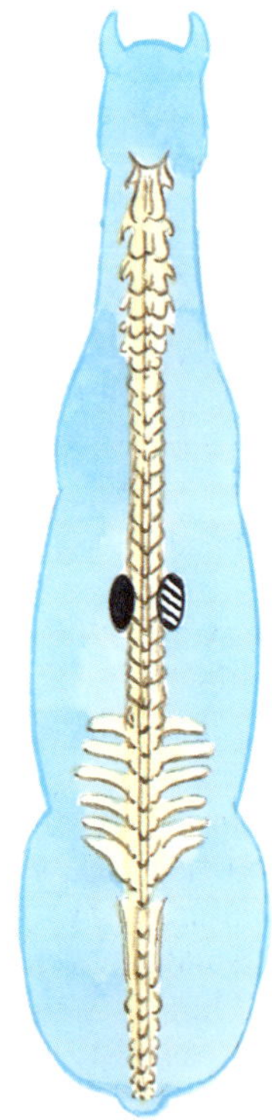

Mehr Druck auf dem linken Sitzbein

Das spannt den Muskel auf der linken Seite an, die Seite wird verkürzt, was zu Schiefhaltung führt .

Beim Vorwärtsreiten kann man fühlen, wie der Leib des Pferdes von rechts nach links schwingt, wenn das Pferd das eine Hinterbein untersetzt und dann das andere. Nun ist darauf zu achten, wie der linke „Sitzfuß" und das linke Bein sich senken, wenn der Pferdeleib nach rechts schwingt. Die linke Seite des Brustkorbs soll voller sein und sich über dem sich senkenden Sitzbein und Bein befinden. Dabei darf die andere Seite des Brustkorbs nicht zusammensinken. Die folgende Übung wird solange durchgeführt, bis der Reiter fühlt, wie sich seine Hüften in alle Richtungen bewegen: rauf, runter, vorwärts, zurück, seitwärts.

Übung für einen tiefen und elastischen Sitz
Es wird Schritt geritten, während ein Freund das Pferd führt. Er hat auch die Aufgabe, die Fragen weiter unten vorzulesen (man muß pro Frage etwa mit zwei Minuten Zeit rechnen). Der Reiter sollte die Augen schließen, das hilft, ein besseres Feingefühl zu entwickeln.

√ Können Sie fühlen, wie das Pferd Ihre linke Hüfte und das linke Sitzbein bewegt:

1. aufwärts?
2. abwärts?
3. vorwärts?
4. rückwärts?
5. seitwärts?

Wenn es Mühe macht, die Seitwärtsbewegung zu erkennen, muß man stärker auf den schwingenden Leib des Pferdes achten.

√ Nun wird dieselbe Übung mit der rechten Hüfte und dem rechten Sitzbein ausgeführt.

Übung zur Verbesserung der Aufrichtung
Der Reiter hebt den rechten Arm in die Luft, Fingerspitzen zum Himmel. Während er fühlt, wie der Pferdeleib nach links schwingt, läßt er sein rechtes Sitzbein sanft weiter herabsinken, während er gleichzeitig die Fingerspitzen noch höher in den Himmel streckt. Die rechte Seite seines Brustkorbs bewegt sich ein wenig nach rechts. Man kann spüren, wie das die Muskeln zwischen den Rippen dehnt. Die Übung wird mit dem linken Arm wiederholt.

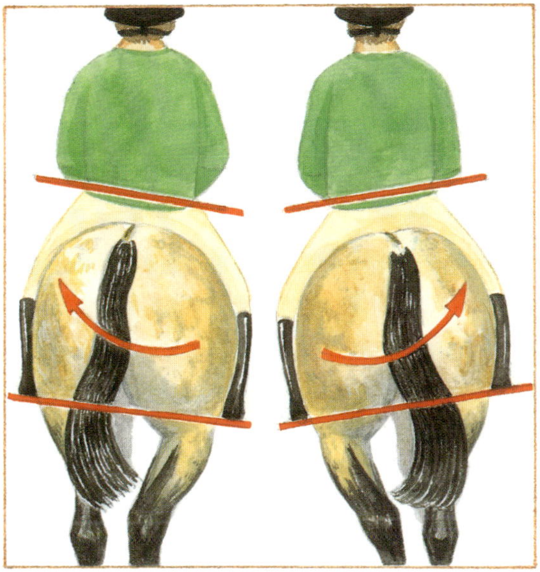

Während der Pferdeleib nach links schwingt, senkt sich das rechte Sitzbein und Bein des Reiters. Umgekehrt verhält es sich, wenn der Pferdeleib nach rechts schwingt.

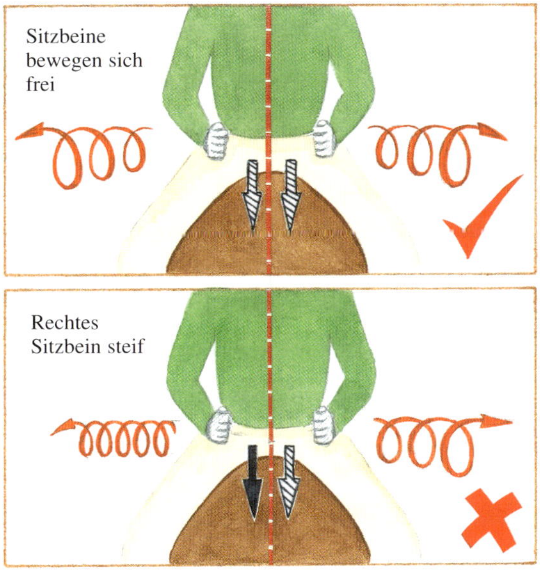

Das Sitzbein des unteren Reiters ist steif und blockiert den Pferderücken auf der rechten Seite.

Der Schritt

Der Schritt ist eine Gangart im Viertakt. Das Pferd hat drei Beine auf dem Boden, sein Körper ist nie in der Schwebe. Dadurch wird der Sattel mehr als bei anderen Gangarten bewegt.

Gleichgewicht und Beweglichkeit des Reiters haben im Schritt - wie in allen anderen Gangarten auch - einen großen Einfluß auf das Pferd. Ein guter Schritt soll natürlich, lang und federnd sein. Wenn der Reiter grob ist (indem er mit dem Gesäß zu sehr schiebt oder allgemein zuviel Einfluß nimmt), versteift sich das Pferd, um sich zu schützen und stakst mit kurzen Schritten vorwärts (manche Reiter mißverstehen das als Faulheit).

Pferde werden oft in solche Haltungen gezwungen und das Resultat ist dann, daß die Beweglichkeit von Kopf, Hals und Rücken blockiert wird. Dabei kommen gestelzte Gangarten heraus, das Pferd fühlt sich unbehaglich und sein Potential wird eingeschränkt.

Je besser der Reiter fühlen lernt, desto eher kann er die Anzeichen der Verkrampfung beim Pferd erkennen. Spannung im Pferd wird durch Spannung beim Reiter erzeugt. Um diesen Kreislauf zu durchbrechen, muß der Reiter zunächst einmal seine eigenen Gehgewohnheiten prüfen. Um besser entspannen zu können, muß man sich Zeit nehmen und die Aufwärtsimpulse, die vom Rücken des Pferdes ausgehen, durch den eigenen Körper hindurchlassen.

Wie man einen guten Sitz in der Bewegung erlangt

Die meisten ungeübten Reiter sitzen wie auf einem Stuhl mit den Beinen vor der Senkrechten. Leider läßt dies den Reiter hinter die Bewegung geraten. Um die Beine mehr unter sich zu bekommen - was den Reiter besser in Übereinstimmung mit der Bewegung des Pferdes bringt - ist die im Kasten gegenüber gezeigte Übung hilfreich. Probieren Sie sie zunächst im Schritt aus. Während Sie auf dem Pferd liegen, entspannen Sie Ihren Hals und das Becken. Bleiben Sie in dieser Position, bis Sie völlig losgelassen sind.

Übung im Schritt für eine verbesserte Beinhaltung

Der Reiter legt sich wie eine weiche Puppe auf das Pferd.

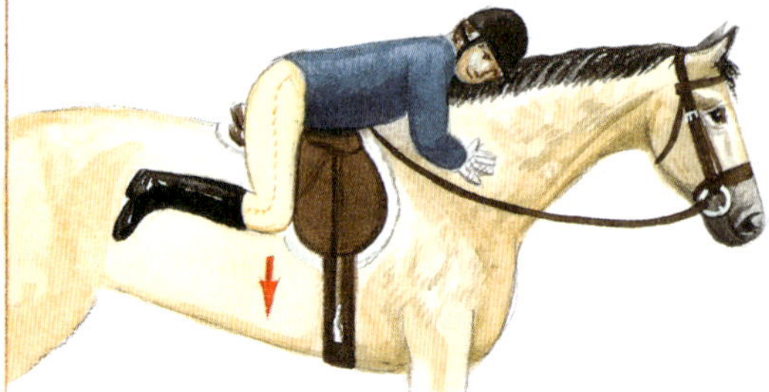

Die Knie wandern zurück, dann drückt der Reiter sich mit den Händen in die senkrechte Position.

Sie werden staunen, wie weit Ihr Unterschenkel zurückgehen muß, damit das Knie senkrecht zum Boden zeigt!

Wenn der Oberschenkel lockerer ist und mehr in der Senkrechten, werden die Fersen und Sohlen der Füße nach unten gedrückt, als ob der Reiter mit dem Pferd zwischen den Beinen auf dem Boden stünde.

Die Abbildungen auf dieser Seite sollen helfen, ohne Anstrengung und Verkrampfen aufrecht zu sitzen. Sich aufrichten und dabei die Brust anheben (wie ein Soldat) verursacht im unteren Rückenbereich sofort ein Hohlkreuz. Die Bewegungen des Pferdes können so nicht abgefedert werden. Wer dazu neigt, die Brust auf diese Weise anzuheben, dem werden die Anweisungen in der Bildbeschreibung unten helfen, den Brustkorb in einer bequemen, natürlichen Position zu halten, ohne den richtigen Sitz zu verlassen. Wer andererseits dazu neigt, zusammenzusinken und nach unten zu sehen, dem werden die Anweisungen helfen, den Körper vorn aufzumachen und das Zusammensinken zu verhindern. So wird auch die Krümmung im Rücken geradegerichtet.

Eine lustige Hilfe für die Aufrichtung

Eine nützliche Idee, wie man ohne Verkrampfen aufrecht sitzen kann, ist die Vorstellung, daß sich ein großer Gymnastikball zwischen Reiter und Pferd befindet. Probieren Sie folgende Übung: Die Arme werden nach vorn ausgestreckt, Handflächen zueinander und in Schulterbreite auseinander. Stellen Sie sich vor, Sie hielten dazwischen einen großen Ball. Nun stupsen Sie ihn mit winzigen Bewegungen an (Hände bewegen sich dabei minimal aufeinander zu). Jetzt haben Sie das Gefühl von zwei sich abstoßenden Magneten zwischen den Händen. Stellen Sie sich vor, Ihre linke Hand sei der Pferdehals und die rechte Ihr Rücken. Bewahren Sie diesen Abstand zwischen sich und dem Pferd, indem Sie sich dieses Bild vorstellen. Es ist eine prima Erinnerung, um sich ohne Verspannung aufrecht zu halten und in der Bewegung des Pferdes zu bleiben. Bitten Sie einen Freund um Korrektur, um sicher zu sein, daß Sie nicht nach vorn fallen (und das Pferd auf die Vorhand bringen) oder zurückfallen (und damit hinter die Bewegung geraten und den Pferderücken hohl machen), sondern daß Sie in der Senkrechten sitzen, mit dem Kopf gut ausbalanciert auf dem obersten Punkt der Wirbelsäule - „am Zügel".

Um das Zusammensinken zu korrigieren, läßt man die Vorderseite des Körpers aufwärtswachsen und den Rücken abwärts. Um das Steife in der Aufrichtung zu korrigieren, macht man es umgekehrt.

Damit der Oberkörper nicht zusammensinkt, kann man sich einen Gymnastikball zwischen sich und dem Pferd vorstellen. Dieser Abstand ist wichtig: er hilft auch dem Pferd, nicht auf die Vorhand zu kommen.

Leichttraben

Leichttraben ist sehr schwierig, denn um in der Bewegung zu bleiben, brauchen wir ein gutes Gleichgewicht und ein offenes Hüftgelenk, man muß die Rückseite des Beins bis hinunter zur Ferse verlängern können, und schließlich muß die Körpervorderseite offen sein und vorwärtsstreben.

Für diejenigen, die einen sitzenden Beruf ausüben, ist das nicht so einfach, denn sie verbringen viel Zeit auf dem Stuhl, meist vornübergebeugt. Das hat zur Folge, daß die Körpervorderseite geschwächt und verschlossen ist. Die Yoga-Übung rechts im Schaukasten ist hilfreich, um die geschwächte Muskulatur zu beleben und zu stärken.

Das Leichttraben wird zunächst im Stand geübt. Dem Pferd wird ein Halsriemen angelegt, der dem Reiter hilft, beim erstenmal das Gleichgewicht zu bewahren, so daß er nicht zurückfällt und dem Pferd in den Rücken plumpst. Der Reiter stellt sich in den Steigbügeln auf und bringt seine Knie unter die Hüften, um sich auszubalancieren. Es ist ver-

Ohne Pferd ausgeführt, dient diese Übung dazu, den Brustkorb und die Hüften besser öffnen zu können.

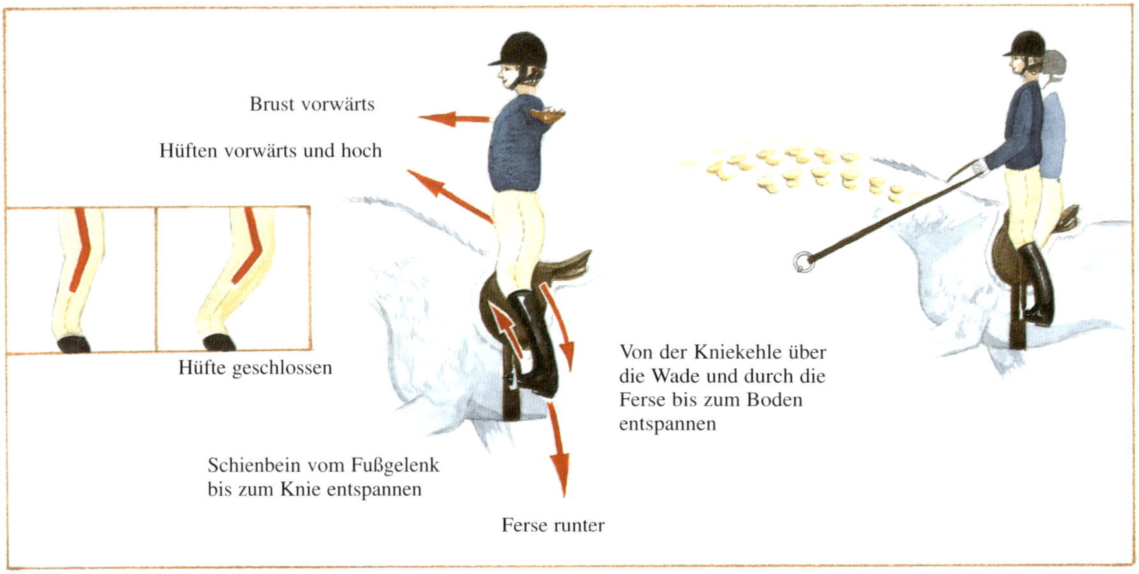

Übung zur Öffnung der Hüfte beim Leichttraben.

Um den Hals des Pferdes nicht zu verkürzen, kann man sich vorstellen, seine Wirbel schwimmen vor dem Reiter davon, als sei er am Fuß einer großen Welle.

blüffend, wie weit die Unterschenkel und Füße zurückgehen müssen, damit der Reiter sich halten kann. (Mit zunehmender Beweglichkeit und Offenheit werden die Beine eine weniger komplizierte Stellung einnehmen.)

Jetzt wird im Schritt weitergeübt. Der Reiter hält sich am Halsriemen fest und wird von einem Freund geführt. Wenn er in der Bewegung Gleichgewicht halten kann, sollte ein paar Schritte lang das Leichttraben geübt werden - aber nach wie vor im Schritt. Man kann es nun getrost dem Körper überlassen, den Balance-Punkt zu finden, der die Hüften offen läßt, die Knie unten und die Unterschenkel zurück. Eine hilfreiche Idee ist die Vorstellung, man knie auf dem Boden, während man sich im Sattel erhebt. Bei jedem Aufstehen gleiten die Knie am Sattel runter. Der Unterbauch soll beim Aufstehen vorwärts-aufwärts gehen, während die Brust sich vorwärts bewegt. Der Reiter verlängert sich vom Schambein an bis zum Kinn. Wenn das Aufstehen und Hinsetzen im Schritt klappt, kann man zum Trab übergehen. Es kann sein, daß der Reiter zunächst hinter die Bewegung gerät, also muß er wieder zum Halsriemen greifen. Getrabt wird nur langsam und nur wenige Tritte lang. Um offen zu bleiben, kann man die Vorstellung vom Gymnastikball zu Hilfe nehmen. Der Kopf führt beim Aufstehen die Bewegung an, gleichzeitig müssen die Füße in die andere Richtung - zu Boden - sinken. Je mehr man sich vom Sitzbein abwärts zur Ferse entspannt, desto mehr verlängert sich die Rückseite des Beins, was den Unterschenkel in die richtige Position bringt.

Es ist wichtig, daß der Reiter seine Brust nicht unnatürlich hebt, weil ihn das ins Hohlkreuz bringt. Wenn das Leichttraben etwas besser funktioniert, kann man die folgende Übung ausprobieren: Der Reiter wechselt den Fuß, auf dem er trabt, in der Luft, d.h. er steht zwei Takte lang auf, statt einen. Wenn er hinter der Bewegung ist, fällt er in den Sattel; wenn er davor ist, fällt er vornüber. Die Übung wird solange durchgeführt, bis der Reiter dabei völlig im Gleichgewicht bleibt.

Aussitzen im Trab

Leider sieht man allzu häufig, wie endlos der ausgesessene Trab geübt wird, wie Pferd und Reiter stundenlang longiert werden, wobei beide immer verspannter werden, Schmerzen haben und das Pferd den Rücken wegdrückt und über dem Gebiß geht. So sollte es nicht sein. Es ist falsch, wenn das Pferd den Rücken wegdrückt, und es kann zu körperlichen Schäden führen, wenn damit fortgefahren wird. Statt dessen sollte man versuchen herauszufinden, warum das Pferd sich hohl macht. Vielleicht behindert der Reiter es, indem er den vollen Gebrauch seiner Wirbelsäule blockiert, oder es ist vielleicht einfach aus irgendeinem Grund unzufrieden. Möglicherweise paßt der Sattel nicht (sehr oft ist er zu eng), oder sein Rücken ist nicht frei genug, um die notwendige Spannkraft und Geschmeidigkeit aufbauen zu können, damit er sich aufwölben und das Reitergewicht tragen kann.

In der Abbildung gegenüber sieht man deutlich den Unterschied in Bauch und Rücken der beiden Pferde. Beim oberen ist der Rücken hohl (weggedrückt). Seine Bauchmuskeln, die schwach sind, haben keine Spannkraft (das gilt auch beim Menschen). Im Vergleich dazu ist das untere Pferd korrekt - sein Rücken ist aufgewölbt (gerundet) und die Bauchmuskulatur arbeitet.

Es ist sinnlos, im Trab auszusitzen, wenn das Pferd nicht so wie im unteren Bild arbeitet. Bis es soweit ist, sollte man leichttraben, damit es das Pferd leichter hat, den Rücken aufzuwölben und zu kräftigen.

Zu beachten ist beim unteren Pferd auch der offene Winkel der Ganasche. Diese Öffnung ist sehr wichtig, denn je mehr das Pferd sich auf der Unterseite verlängert, desto mehr kann es die Oberlinie verlängern, aufwölben, und desto mehr kann die Hinterhand aktiviert werden, was zu Aufrichtung und Eleganz führt. Ist die korrekte Oberlinie einmal erreicht, gibt es von seiten des Pferdes keinen Widerstand mehr; Lektionen und Tempoübergänge aktivieren die Hinterhand, die das Gewicht aufnimmt und so zur Entlastung und Aufrichtung der Vorhand beiträgt.

Dieses Pferd hat einen schwachen und verspannten Rücken. Im Trab auf einem Pferd in diesem Zustand auszusitzen, ist sinnlos und kann zu Schäden führen.

Dieses Pferd dehnt und kräftigt seinen Rücken. Zu beachten ist der aufgewölbte Rücken, die Bauchmuskeln arbeiten und die Pferdenase ist ein wenig vor der Senkrechten.

Um das Aussitzen im Trab zu üben, können die gleichen Körperübungen wie auf Seite 13 benutzt werden, die unten nochmals illustriert sind. Die Bewegung des Pferdes soll vom ganzen Körper aufgenommen werden; es wird ebensoviel vom aufwärtsgerichteten Impuls des Pferdes empfangen, wie der Reiter an Gewicht nach unten losläßt. Folgende Punkte sind zu überprüfen:

√ Führt der Kopf die Bewegung an?
√ Sind die Hüften aktiv und bewegen sich mit dem Pferderücken?
√ Sind die Gelenke gelöst und imstande, die Bewegungen zu absorbieren?
√ Wird der imaginäre Gymnastikball als Hilfe zur Aufrichtung benutzt?

Das Gewicht von Hüften und Beinen soll bis auf den Boden sinken, Hüften und Beine gehören dem Pferd. Der Reiter folgt der Bewegung des Pferdeleibs, während er von der Taille aufwärts den Vorderkörper öffnet - das hilft dem Reiter, sich selbst zu tragen.

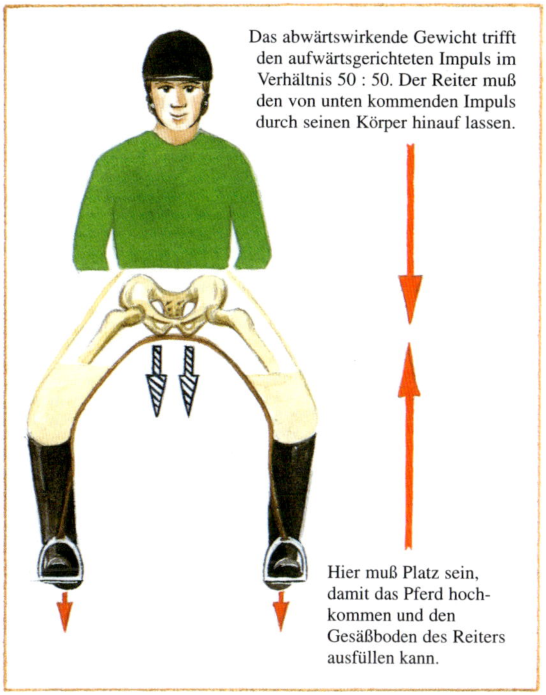

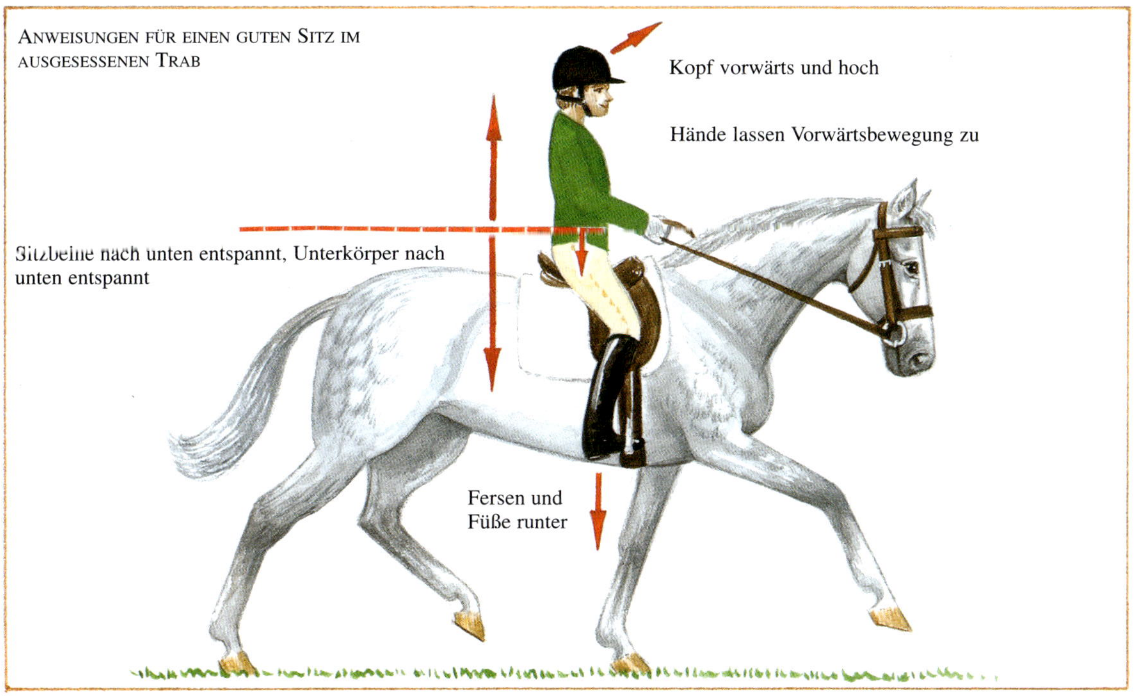

Der Galopp

Der Galopp ist eine Bewegung im Dreitakt mit einer Schwebephase, in der sich alle vier Hufe in der Luft befinden. Beim Galopp ist es wichtig, daß das Becken mit dem Pferd vor- und zurückschwingt, wobei der untere Rückenbereich und die Hüften gelöst sein müssen. Die Beine müssen schwer zum Boden herunterhängen. Das Gesäß bleibt entspannt, Knie und Fußgelenke sind elastisch, ebenso der Brustkorb.

Das Bild mit dem Schaukelpferd zeigt deutlich, daß der Rücken des Pferdes im Galopp bergab geht. Der Reiter muß dabei die Vorderseites seines Körpers entspannen und wie ein Gummiband dehnen - er überläßt sich jetzt ganz dem Pferd. Als Halt kann man den imaginären Gymnastikball benutzen. Die Hüftgelenke sind geöffnet. Auch die Kniegelenke sind geöffnet, so daß das Gewicht der Beine bis zum Boden hinabsinken kann, was den Reiter in der Senkrechten hält und ihm das Gefühl vermittelt, als stünde er auf dem Boden mit dem Pferd zwischen den Beinen. Der Reiter befindet sich jetzt auf der Vorderkante seines Sitzbeins. Als nächstes bringt ihn das Pferd hoch, auf die hintere Kante, was die Hüftgelenke schließt. Nun entspannt man die Sitzbeine seitwärts, damit Platz entsteht, so daß der Pferderücken hochkommen kann.

Die Bewegungen des Pferdes im Galopp sollen die Hüftgelenke automatisch öffnen und schließen und das Becken bewegen. Der Reiter muß nichts anderes tun, als das zuzulassen. Er soll fühlen, wo der vordere Teil des Sattels ist, die Mitte, der hintere Teil. Wenn man sich nicht auf die Bewegung des Pferdes einläßt in dem Moment, wo es die Hinterbeine untersetzt, wird diese Bewegung blockiert und damit auch die Aktion der Hinterhand.

Um mehr Halt zu finden, hilft wieder die Vorstellung vom Gymnastikball zwischen sich und dem Pferd; außerdem sollte man durch die Nase einatmen, wenn das Pferd abwärts geht und ausatmen, wenn es hochkommt. Es ist wichtig, sich das 50:50-Verhältnis vom eigenen Gewicht und dem Halt durch den Pferdekörper ins Gedächtnis zu rufen. Setzen Sie sich hin und lassen Sie das Pferd die Arbeit tun! Um ein

Öffnen der Hüftgelenke im Galopp

Achtung: Um im Galopp in der Bewegung zu bleiben, müssen die Hüftgelenke sich öffnen und schließen können.

Wenn das Pferd vorne abwärts geht, muß man mitgehen und die Hüftgelenke öffnen. Um Halt in dieser Position zu finden, kann man sich den Gymnastikball vorstellen.

langes und aktionsfähiges Bein im Galopp zu bekommen, kann man sich vorstellen, daß die Füße breit und lang seien - wie die Schwimmfüße einer Ente. Die Zehen verlängern und spreizen sich, die ganze Fußsohle streckt sich abwärts bis auf den Boden.

Dehnungsübung im Galopp am langen Zügel
Diese Übung wird zunächst auf der linken Hand im Galopp geübt. Die Zügel werden in die rechte Hand genommen. Der Reiter hebt die linke Hand hoch und streckt die Fingerspitzen in den Himmel. Wenn er spürt, wie das Pferd unter ihm abwärts Richtung Boden geht, atmet er ein und hängt von den Fingerspitzen herab, wobei die Hüften sich öffnen sollen. Er muß nun den aufwärts wirkenden Impuls des Pferdes empfangen. Er kann seinen Unterkörper getrost ganz diesem Halt überlassen. Während er das Pferd wieder hochkommen spürt, atmet er aus und bleibt weiterhin an den Fingerspitzen hängen. Die Hüftgelenke schließen sich. Nun wechselt man den Hufschlag und wiederholt die Übung im Galopp auf der rechten Hand.

Damit man sich im Galopp nicht festklammert, entspannt man die Knie und streckt sich mit seinen großen Entenfüßen „zu Boden". Das macht das Bein länger und aktionsfähiger.

SCHLIESSEN DER HÜFTGELENKE IM GALOPP

Wenn das Pferd hochkommt, wird seine Bewegung automatisch die Hüftgelenke des Reiters schließen - wenn er das zuläßt.

Letzte Tips

Gewichtshilfen für Probleme bei Wendungen und auf dem Zirkel
Wenn ein Pferd sich im Gleichgewicht befindet, ist sein Gewicht gleichmäßig auf alle vier Beine verteilt.

Geht das Pferd in einer Wendung oder auf dem Zirkel nach außen gestellt, befindet sich sein Gewicht vermehrt auf den inneren Beinen. Das kann man mit dem Fahrradfahren vergleichen: Kippt man mit dem Fahrrad zur Seite, muß man auf der anderen Seite ins Pedal treten, um sich wieder aufzurichten. Nun, das gleiche gilt auch für das Pferd. Wenn man vermehrt in den äußeren Steigbügel tritt, während der Pferdeleib nach innen schwingt, wird das Gewicht wieder gleichmäßig auf alle vier Beine gebracht.

Das Gegenteil ist der Fall, wenn das Pferd über die äußere Schulter ausfällt. In diesem Fall ist sein Gewicht vermehrt auf den äußeren Beinen; um es also wieder ins Gleichgewicht zu bringen, muß der Reiter stärker in den inneren Steigbügel treten, sobald der Pferdeleib nach außen schwingt.

Aussenstellung auf dem Zirkel

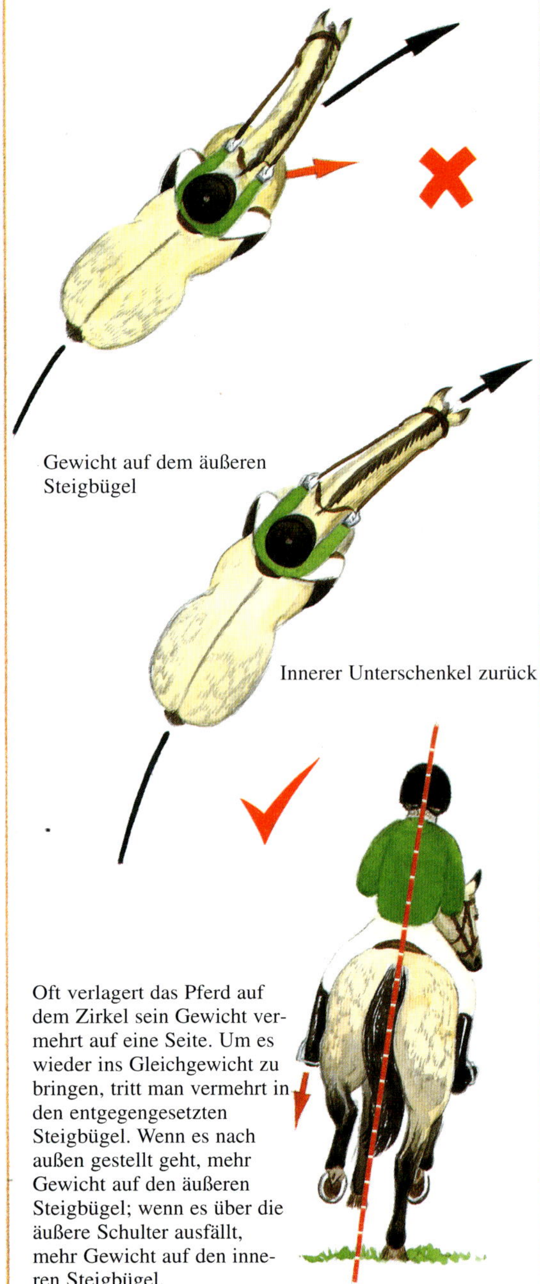

Oft verlagert das Pferd auf dem Zirkel sein Gewicht vermehrt auf eine Seite. Um es wieder ins Gleichgewicht zu bringen, tritt man vermehrt in den entgegengesetzten Steigbügel. Wenn es nach außen gestellt geht, mehr Gewicht auf den äußeren Steigbügel; wenn es über die äußere Schulter ausfällt, mehr Gewicht auf den inneren Steigbügel.

Zu guter Letzt

Wahrscheinlich merken Sie jetzt, nach allem, was Sie eben gelernt haben, daß Sie bislang Ihr Pferd aktiv daran gehindert haben, seinen Körper optimal einzusetzen und mit Leichtigkeit und Fleiß am Zügel zu gehen. Die Techniken und Fähigkeiten, die Sie mit Hilfe dieses Buches erworben haben, werden Ihnen helfen, in Zukunft mit Ihrem Pferd in echter Partnerschaft zusammenzuarbeiten - und dabei sind beide gleichermaßen Schüler und Lehrer.

Viel Vergnügen beim Reiten!